Antonio Guerra Colón

Mis versos 1

Antonio Guerra Colón

Mis versos 1

Que siga fluyendo la poesía, aunque caiga la noche y fuerte sea el viento, sigan escribiendo la magia de la poesía

JustFiction Edition

Imprint

Cover image: www.ingimage.com

Publisher:
JustFiction! Edition
is a trademark of
Dodo Books Indian Ocean Ltd. and OmniScriptum S.R.L Publishing group
Str. Armeneasca 28/1, office 1, Chisinau-2012, Republic of Moldova, Europe
Printed at: see last page
ISBN: 978-613-9-42647-8

Mis versos
1
paliacate
Autor: Tony Colón

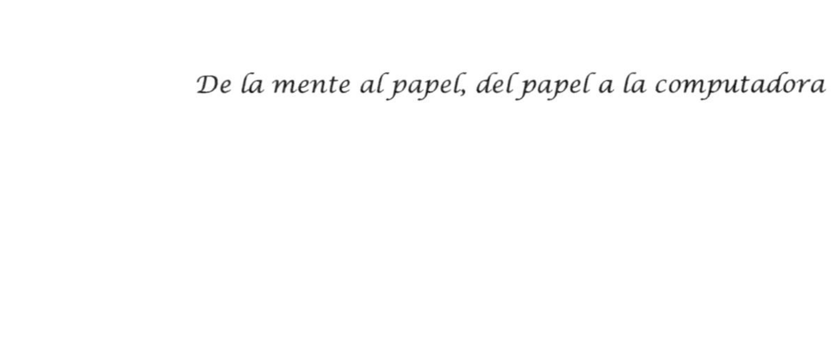

De la mente al papel, del papel a la computadora

Tony Colón el mago de las letras

De la mente al papel, del papel a la computadora

MIS VERSOS I

Tony Colón el mago de las letras

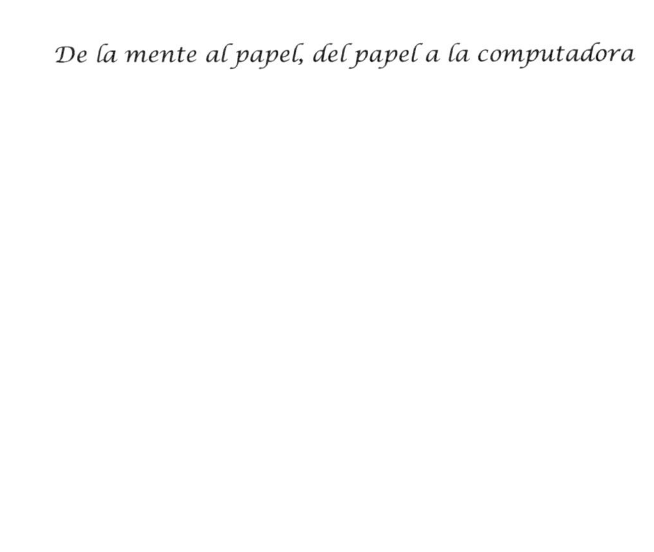

Pequeña biografía

Mi nombre es Antonio Guerra Colón de Mayagüez Puerto Rico. Desde pequeño me interesaron muchas cosas, pero siempre me atraía escribir desde los seis años, lo primero que escribía fueron versos que los vendía a peseta en la escuela, luego a los diez años aprendí a arreglar enseres eléctricos, de electricidad, electrónica, entre otras cosas más, y de todo eso me ganaba algo, pero nadie me enseño, solo lo aprendí, también soy compositor, inventor y cuentista, todo se puede si hay interés, todo se logra, si lo intentas.

El que quiere, aprende.

Desarrolla la mente,

aprende todo lo que pueda,

mientras más aprenda, más sabio puedes ser,

desarrolla tu mente aprendiendo

y veras que bueno es.

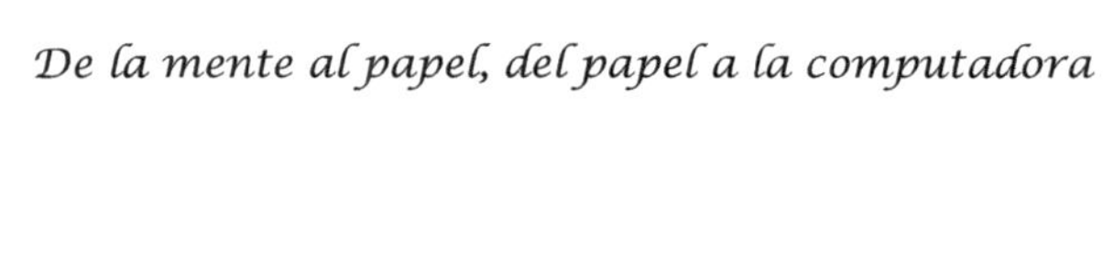

De la mente al papel, del papel a la computadora

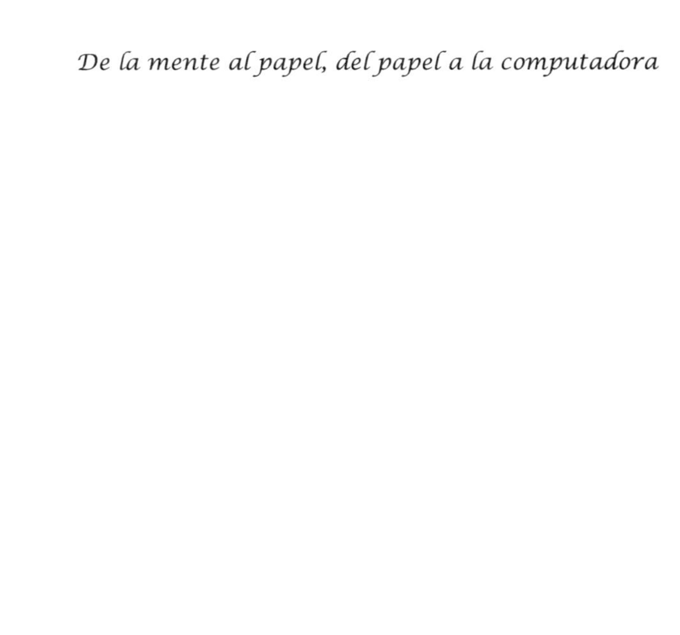

De la mente al papel, del papel a la computadora

1-Fue soplando la brisa
y llego hasta mi ventana
me susurró al iodo,
me dijo: que te ama tu amada.

2- Se sentó el silencio en la oscuridad
allí estaba mi amor junto a él,
rodeado de inseguridad,
no pudo ver la verdad
se encero en su mundo.

3-La flor se marchita,
el corazón gime, si la luz no le da sombra,
el alma se deprime, así es el amor
cuando no se le escribe palabras de dulzura,
palabras que tengan sazón.

4- Sigo escribiendo,
versos, poemas y poesías
porque de esta patria mía
el orgullo sale de adentro.

Tony Colón el mago de las letras

5- Fue la dulzura una canción
la que entono mi vida
tu amor es mi emoción
eres la que me inspira

6- La luz de la luna, alumbra mi alma,
diciéndome delicias,
con tierno amor, fragancia bendita,
que me retorna calma,
librándome de la angustia y del dolor.

7- Se calló el viento,
al verte pasar, se calló la luna,
al poderte mirar, se detuvo el sol,
al oírte cantar, por tu radiante
y hermosa belleza,
por tus ojos radiantes brillar.

8- Se manchó la verdad,
se esfumó los recuerdos, se mezcló con aceite y arena,
amor con crueldad, se fue de mí, el alma,
de mi mente ya no estás en mis recuerdos
todo se fue a la oscuridad.

9- Se fue el lucero,
el que brillaba en mi alma,
por los malos consejos
se entristeció mi alma.

10- Se enteró la noche, se enteró el día,
se enteró el sueño, se enteró de que vivía,
se abrumó el cántaro, de lo que se decía,
si el amor es puro, para siempre viviría.

11- Susurró el viento por mis oídos
y me dijo que me querías
que tú serías mía
y que conmigo te casarías.

12- Del pensamiento una ilusión,
que brota por la mente del conocimiento,
rasgo mi corazón, se me amargo el alma,
por el humo negro, que quebró mis heridas,
y no sé si mi alma gime,
muere o canta o sigue con su lamento
o ya no tiene vida.

13- Flor en la primavera,
donde calienta el sol;
se desliza el viento, se oye el caracol,
hoy me siento en calma
teniendo tu amor.

14- Fue la fragancia de mi delirio
cuando roso tu corazón,
escucho bajando el río
se me escapo la razón.

15- Soy escritor y no letrado,
pero mis versos saben a mango,
a quenepa, a china,
saben a frambuesa, saben arroz,
a pera, a piña, saben a melón,
saben a turón, ven prueba de mis versos,
y verás que ricos son.

16- Escribo poesía, escribo versos,
escribo poemas y filosofía,
escribo del mar, del viento,
escribo de tu amor y de la melancolía,
de todo lo que me rodea,
en cada evento, escribo de ti vida mia.

17- Se quitó el viento,
se esfumó, llego la espera,
ya callo el silencio
se volvió como humo
porque en tus ojos, paz ya no hayo.

18- Una luz alumbra mi corazón
y no hay quien la apague,
alumbra noche y día
y no es posible que se apague.

19- Llorando en la amargura
se perdió mi amor
no encontró la cura,
no encontró consolación.

20- Es como el olor grato
es como una excelente canción
su presencia me hace feliz
eres mi adorada, la que me llena de emoción.

21- Una luz brilla fuerte
se relumbra en mi corazón
es una luz contundente
eres mi dulce, eres mi canción.

22- Es la flor más bella
que ha nacido en mi jardín
es la rosa más hermosa,
y la cuido mucho
le tengo amor, sin fin

23- Buscando el gozo de lo alto
siempre con alegría,
dejando todo lo malo,
riendo con armonía.

24- Busca la palabra de vida,
palabra de aliento y de esperanza
que cura el alma herida,
palabra que a tu corazón
quite el quebranto
y te llena de vida.

25- Dos aves iban juntas
mirando hacia el horizonte
siempre iban errante

De la mente al papel, del papel a la computadora

porque no tienen a nadie adelante.

26- Vi el cielo de hermosos colores,

el arcoíris vi entre las nubes;

la vida es como los colores,

como lo fino del hilo, amor de muchos sabores.

27- Ojos de tristezas,

ojos de sufrimiento,

porque dejaste la esperanza,

y te quedaste con el lamento.

28- Se hundió el odio, profundo,

profundo bajo el mar,

también se hundió el rencor

que ya no pueden flotar.

29- Tengo un corazón frágil,

tan frágil como el cristal,

ya no es tan ágil

por tener tanta maldad.

30- Una lágrima se ha secado
fue la última de mi mejilla
mi alma se ha rasgado
fue el dolor, como una estilla.

31- De la soledad, una tortura,
me arropa cada día,
se hace larga la apertura
yaciéndose en la tumba fría.

32- Fue la noche, tormentosa y fría,
que deliro, la noche, se agravo
respiro el silencio, se detuvo
cuando canto el gallo y se murió.

33- Del silencio fue la calma,
que callo mi llanto,
seco todas mis lágrimas,
ahora soy libre, libre yo canto.

34- Del árbol cayeron sus hojas
se esparcieron por doquier
la agonía fue decayendo,
y se restableció mi querer.

35- Tres flores rojas,
tres rosas en un jardín
de la más primorosas,
tú eres mi budín.

36- Rosas blancas, azules
amarillas y coloradas
de entre todas esas,
tú eres mi enamorada.

37- Del cielo callo una estrella
y callo en el edén
alumbro el firmamento
y aumento más mi querer.

38- Te llevo flores rojas
para verte sonreír
para que me abraces fuerte
y no me dejes ir.

39- No fue la luna quien me alumbro
fueron tus ojos de esmeralda
que alumbro mi vida,
me llenaste de amor enseguida
y mas me llene de tu querer.

40- Suave fueron tus besos
sabrosos a mango
a chocolate, a piña,
a galletas y a turón.

41- En la brisa vi tu sonrisa,
en el viento tu pasión
mis días fueron de prisa
ahora estoy en tu prisión.

42- De ti me enamore
porque sabias a tamarindo
ahora que me case,
ahora me sabes a cariño.

43- Yo sé que me amas,
y se lo mucho que me quieres
en tus ojos vi cariño
y en tu alma me tienes.

44- Yo te di dos diamantes
dos esmeraldas y dos rubí
soy el mejor de tus amores
ahora canto como el coquí.

45- Se fue la noche, llego el día
y tu boca supo a sandia,
supo a coco, supo a caña,
supo a cheri, que chulería.

46- Fui a un viaje a la luna
y descubrí que no era de queso
no estaba lleno de piojos,
ni de ratones, ni de aderezo.

47- Fui a áfrica a buscar a chita
ha buscar leones y cocodrilos
pero encontré una cosita,
que me embarraron los calzoncillos.

48- Ya dejé de sufrir y llorar
ahora quiero reír y cantar
y cuando estoy a tu lado
mi corazón hace, tun, tun,
quiere estallar.

49- Yo tenía tu cariño
y tú te alejaste de mi amor,
dijiste que no me amabas
que no escucharías mi clamor.

50- Yo sabía que me amabas
y sabía que me querías,
yo sabía que me anhelabas
en tus besos lo sentía.

51- Mi nombre significa amor
mi apellido dulzura
mi signo es acuario
y yo, tu gran locura.

52- Vi la luna tan de cerca
que alumbro el camino
pude llegar a tu casa
y darte de mi cariño

53- Si tus besos fueran de chocolate,
de almendras o de limón
te besaría a todas horas,
te besaría con pasión.

54- Te vi anoche pasar,
en la orilla del rio
me acerque y te bese
y nos amamos con cariño

55- Canto el gallo en aquella montaña,
cuando te dije hasta luego,
te dije que te quería,
que tú eras mi consuelo.

56- Anoche tuve un sueño,
que me levanté de prisa y corrí
me caí por las escaleras
por culpa de un patín.

57- Era radiante tu mirada,
era profunda con pasión
me deleitabas el alma
con una hermosa canción.

58- Te dije ayer que te amaba
hoy te dije que te quería
pero más tarde descubrí
que por mi nada sentías.

59- De rojo fueron tus labios
de sabor a chicharon,
tu pelo estaba pintado
no me acuerdo, de rojo o de marrón.

60- Ayer soñé contigo
hoy soñé de nuevo,
era el mismo sueño
donde me dabas tu pañuelo.

61- Me dijiste que me querías,
me dijiste que me amabas,
me dijiste que conmigo estarías,
en esta hermosa morada.

62- No fue sincero tu amor,
me engañaste de la mala
pero el mundo da muchas vueltas,
que caerás en la redada.

63- Salto mi corazón cuando te vio
me dijo que eras princesa,
que tenías ojos de perla
y tu amor era de pureza.

64- Fui a china y a Japón
a Uruguay a Perú,
buscando a una amiga,
que me quiera como tú.

65- Comí manzanas y peras
melocotón y aguacate,
buscando amigas sinceras
que me ayudaran en mi debate.

66- He pintado tu corazón
de rosa y amarillo,
y de color blanco
he pintado tu cariño.

67- Han pasado tres meses
y se han ido tres,
han pasado seis meses
cuando te bese.

68- Eres flor de un jardín florido
y salió el sol y te alumbro,
vi tus ojos y me cautivo
has sanado mi corazón herido.

69- De mil, hay solo una
y de una, en un millón
para ver tu rostro hermoso,
eres mi gran bendición.

70- Cuando el sol se oculta
la luna llega,
espero que tu amistad
sea la más sincera.

71- Vi tus ojos negros
y tus labios muy sensuales
tu cuerpo el más sabroso
esas son mis debilidades.

72- Ha salido el sol
escucho el agua caer
percibo tu presencia,
en este amanecer.

73- Suave fueron tus manos
tú mirada una pasión,
tu caminar de locura
y tú hablar una canción.

74- Me has dicho que me amabas
y yo te dije que te quería,
esa fuerte mirada
sabías que me tendrías.

75- Tenía un coco hueco
que no tenía sabor,
así son muchas mujeres
que pelean por ambición.

76- Una flor que te hinco
cuando me despreciaste
ahora no me pidas que vuelvas
ya las cosas no serán como antes

77- Pude sentir tus labios,
pude ver tu sonrisa,
sujetándome la camisa,
me besaste más de prisa.

78- Navegando en alta mar
me lleve una sorpresa
viendo limones y aderezos
tu voz me hizo recordar,
que eres mi princesa
no cabe duda de eso.

79- Ha llegado la hora,
ha llegado el día
a la vez fue dolorosa,
muy triste la agonía.

80- Cogidos de la mano,
caminando por la playa,
te dije que te quería,
te dije que te amaba,
te dije que me casaría,
cerca de las cascadas.

81- De allí nació el amor,
nació tu alegría, se libró tu dolor,
porque yo soy tu amado
y te lleno de mucho calor.

82- Eres tú, mi flor,
eres tú, mi ternura,
eres mi dulzura
que libera mi dolor.

83- Te he dicho que no,
te he dicho imposible,
no te puedo querer
porque eres aborrecible.

84- Escucho al aire pasar,
escucho susurrar al viento
me dijeron que era cierto,
que te ibas a casar.

85- Ha vuelto a mi alma
el amor que sentía,
ha vuelto a mi lado
el amor que te tenía.

86- Ha nacido en mi algo
que estremeció mi sentir
es un amor tan puro
que no lo pude resistir.

87- He sentido tu cariño,
he sentido tu amor,
he sentido tus caricias,
he escuchado tu clamor.

88- Escribo poemas de amor
que expresan pasión,
liberan las angustias
te dan liberación.

89- Estaba la sombra oculta
esperando mi llegada,
a ver si me atrapaba
pero la vencí en su morada.

90- Fue delicia oír tu voz
decirme al iodo que me amas,
que me querías y me necesitas
y que sin mí no eras nada.

91- Me acuerdo de tus besos,
de tus abrazos y de tu amor
cuando miro tu retrato
me doy cuenta de mi gran error.

92- Sabes a tamarindo,
sabes a frambuesa,
tu amor es divino
y me gusta como besas.

93- En una noche de primavera
te escribí un poema de amor
son palabras sinceras
muestra de mi clamor.

94- Te dije en un verso que te quería,
en otro que te amaba,
te dije eres mi dulzura,
pero del amor, no sabes nada.

95- Acaricie tus manos
y sentí tu calor,
sentí que me amabas
con locura y con pasión.

96- Llore amargamente,
por tu despedida,
porque me abandonaste
con lo mucho te quería.

97- En aquel atardecer lluvioso
fue cuando te conocí,
que, mirándote a los ojos, te dije,
tus besos siempre serán para mí.

98- Salí corriendo de prisa
y me lleve tu almohada
y al ver tu sonrisa
mi alma quedo encantada.

99- Fue tu mirada traviesa
que coqueteo mi sentir
me atrapo como presa
y a mi corazón izo latir.

100- Fue de noche,
muy de noche que callo el silencio,
abrió su boca el cilicio
por la herida del desprecio.

101- Ha llegado la esperanza

y llego también la paz

ya no vuelvo atrás,

ya tengo amor,

que consuelo siempre me da.

102- Hermosa coma la primavera,

hermosa como el atardecer,

hermosa, esplendorosa,

hermosa como el clavel.

103- Tu mirada me enloquece,

tu amistad quiero tener,

eres una buena amiga

y siempre tu amistad quiero tener.

104- Lávame con tus besos,

envuélveme con tus caricias,

lléname de tu presencia,

lléname de tus locuras,

yo quiero ser tu conquista.

105- Dulzura de las canciones,
delicia de cada ser
tu sonrisa bella es,
hermosa como una flor,
cachecitos de bebe.

106- Radiante son tus labios,
radiante tus ojos,
radiante es tu sonrisa,
tu belleza y esos labios rojos.

107- Pasaran, pasaran,
y siempre juntos estaremos
de diciembre a enero
este amor no acabara,
que supere a la eternidad
y que sea todo placentero.

108- Ella era trabajadora
luchadora de sus deseos
se enamoró de un poeta

De la mente al papel, del papel a la computadora

y fue el más grande de sus sueños.

109- El amor fuerte y valiente

amor como tuyo y el mío,

amor como el sol candente

que traspasa las barreras y el desafío.

110- El amor, volcán ardiente,

que se entrega por completo,

a veces es torpe, un poco inquieto

y no mira consecuencias, solo quiere amar

y sentir algo muy dentro de su corazón,

solo quiere sentir amor y ser amado.

111- Oye mi nena linda,

te enseñare lo que es poesía,

te enseñare a cultivar frutos,

en el campo, como te decía

allí te enseñare de todo, te enseñare mis semillas

ahora tu siembra amor en mi corazón

con cariño y dedicación,

ahora siembras amor, paz y alegría.

112- Invitame a tu imaginación,
invitame a ver lo que ves,
invitame a soñar lo que sueñas,
invitame a crear rimas, en tinta y papel.

113- Bendecido sea tu día,
bendecida sean las mujeres,
bendecido sus atributos,
para amarte y sentir placeres.

114- Te habia dado mil besos,
caricias y poesias
te habia dado mil abrazos
y tu hacias que sentias.

115- En mi alma perfumada,
de tu amor puro y limpio
tu sonrisa me abraza
y me das de tu perfume.

116- Tu sonrisa me fascina
y esos labios rojos me dan vida
mi corazón se acelera de prisa
eres tú, el amor de mi vida

117- Mi novia tuvo celos,
de mis versos y de mis poesías,
tenía celos de mis poemas,
y también de lo que hacía.

118- Yo vengo esperando,
un verso, una poesía,
de tus labios yo quiero,
mi dulce melodía.

119- Quiero escribirte versos en tu piel,
poesía en tu alma,
llenarte de besos en la cama,
tatuarte en todo tu ser.

120- Mis letras, son tus letras,
mi amor, es tu amor,
despacito, despacito,
abriré tu corazón.

121- Mis besos están en tu boca,
mi perfume en tu piel,
mis manos en tu cuerpo
y veras como trabaja este tren.

122- Me encantaría ser tu aroma,
sentir tu piel,
estar cerca de ti
y llenarme de tu querer.

123- Me gustaría ser tu poeta
y que tú seas mi musa,
para dedicarte lindas rimas
y que me robes el corazón como intrusa.

124- Si las flores son bellas
y el sol da su luz
el día en que te vi
mi alma se enamoró de tu virtud.

125- Soñare, y en tus brazos estaré
caminare junto a tu lado
y te abrigare, te llenare de mi
y contigo siempre estaré.

126- Danzare en tus labios;
me fijare en tus ojos
deslumbrante como la luna
que ojos tan bellos, que flor
que hermosura, hermoso son tus cabellos
eres la dueña de mi corazón,
eres mi gran locura.

127- Eres mi poesía, eres mi estrella
eres mi luz, eres mi pasión, eres mi todo,
eres mi locura y cuando te beso,

De la mente al papel, del papel a la computadora

se me sube todo.

128- Tremenda modelo

que belleza exquisita

que labios tan tiernos,

yo quiero ser tu conquista.

129- Buscad la paz, buscad el consuelo

la vida es hermosa, es paz,

es alegría, no desees mal a nadie

y deja que Dios siempre sea tu guía.

130- Destello de luz, destello en el cielo

ojos de pasiones, labios tiernos

así eres tú, amor de mis amores

linda, hermosos son tus cabellos

rico son tus olores.

131- Soy buen libro

de las mejores historias

léeme a menudo,

y te asombraras en cada capitulo,

seré tu mejor dedicatoria.

132- Quiero ser tu sostén,
tu ropa y tu almohada,
tu lápiz labial,
el aire que te toca,
quiero que seas mi amada.

133- De los recuerdos, quedas tú,
eres bella poesía, de lindas melodías
siempre serás para mí y yo para ti
llenos siempre de armonía.

134- Entre el viento del sur,
y la noche del oeste,
besando tus labios suaves,
es estar presente.

135- Mi poema, será en tu piel,
mi poesía, en tu boca,
que brote el atardecer
y que por mí estés loca.

136- Ya se ha ido la noche
la madrugada ya llega
el día en que te bese
ese día no me lavo la boca
y mi amor a tu alma llega.

137- Aunque sufras, aunque llores,
me desprecien y decepcionen,
por siempre yo escribiré,
poesía con amor o con dolores.

138- Tienes sonrisa de oro,
sonrisa celestial
ojos ardientes
dignos de admirar.

139- He tocado tus manos,
he sentido tus besos,
he sentido tus labios,
he sentido tu pecho.

140- Tus labios me fascinan
tu belleza me enloquece
y esa cinturita
es la que me estremece.

141- Agárrame de la mano,
que estar contigo quiero,
bésame, bésame vida mía,
que yo a tí te quiero.

142- Si fueras luna, yo sería tu lobo,
si fueras luna, yo sería tu sol
y en cada amanecer
tu fueras mi resplandor, mi tesoro.

143- Oh lucero de la mañana
lucero del medio día
asómate a la ventana
para desearte los buenos días.

144- Grato olor a poesía,

son tus labios y tu piel,

tu belleza, tus ojos, eres mi musa,

ya te lo decía

que eres mi bizcochito, mi pedacito de miel.

145- Ya no te escribiré poemas,

ya no te escribiré poesía

no te escribiré más versos

quédate con tu agonía.

146- Se fueron corriendo los cielos,

las estrellas se mudaron

el amor quedo quebrantado

ya no me siento enamorado.

147- Llego la noche, llego la flor,

entre el viento y las aves

la esperanza y la vida

se nos escapa el amor

en el curso de la vía.

148- Besos en la mejilla,
besos en la frente
y en esa boquita
te chupare hasta los dientes.

149- Quiero embriagarme de tus besos,
saciarme de tu amor
de día o de noche
hacerte el amor.

150- Yo he jugado con mil amores,
con mil amores yo he jugado
y por estar jugando con ellas
con ninguna me he quedado.

151- Quiero sembrarte yuca,
malanga y calabazas,
que pases por mi casa
y me agarres la mazorca mía.

152- De mis labios a los tuyos,
una fragancia que no se acaba,
ese aroma de tu cuerpo,
que, a mi alma llena,
se enciende la llama.

153- Déjame posar en tu piel
y darte de mi cariño
darte de mi ternura,
darte mucho placer
y mamártelas como un niño.

154- No te enamores de mí,
porque soy poeta,
no te enamores de mí, porque soy escritor,
no te enamores de mis palabras,
pero sí de mi corazón.

155- Admirando tus labios,
de tu rostro, de tu sonrisa,
admirando tu belleza,

De la mente al papel, del papel a la computadora

allá arriba en la cornisa.

156- Te vi nacer, te vi crecer

adorable y desinquieta,

contigo sigo, contigo seguiré,

nena hermosa de ojos lindos

a tu lado siempre estaré

dándote apoyo y consuelo,

la lucha no es fácil,

pero con Dios todo saldrá bien

157- Si desaparece el amor

el mundo sería un caos

la humanidad se extinguiría

también se acabaría el dolor.

158- Que se acabe la tristeza,

que se acabe el dolor,

que se acabe el odio y la pereza,

que se acabe ya el rencor.

159- Tienes en tus labios mis besos
y en tu corazón mi amor,
en tus caricias mis deseos,
aliviando todo mi dolor.

160- En ti descubrí la teoría del amor
de la ciencia y la química,
la teoría de la fricción
y la teoría de la gramática.

161- Ella me dijo que no,
luego me dijo que sí,
después me dijo no se
y muchas veces quizás,
más tarde, hagámoslo, qué más da.

162- No puedo darte cariño,
mucho menos besos
no llorare como un niño
ya me cansé de eso.

163- En el parque de la esquina,
allí te di un beso
te di muchas caricias
de eso, yo sé de eso.

164- Se me escapo el amor,
se fue en cielo en el cielo,
lo vi pasar como estrella fugaz
y ya no hubo, un te quiero.

165- Mañana ya será tarde,
hoy es mejor decírtelo,
que me muero por tenerte
y de ti no quiero irme
quiero siempre tu cariño.

166- A lo lejos el viento brama,
a la conquista de lo que quise,
siempre haciendo sus deberes,
libre, libre así quise irme.

167- En tus labios hay fuego,
ardiente como el volcán
sonrisa maravillosa
rico como el chocolate y el pan.

168- Acaricié tu cuerpo con alegría,
decidí besarte despacito,
se juntó tu boca con la mía
y nos dimos muchos besitos.

169- Tus ojos reflejan confianza,
tu sonrisa la paz,
tus besos ternura
y tus caricias bondad.

170- Nuestros labios compartieron
una fragancia divina
se despertó la llama,
ahora este amor, por siempre perdura
que viva la vida.

171- Se confundieron nuestras almas
se confundieron nuestros sentidos
con esos besos apasionados
me robaron mis suspiros.

172- En tus labios ya yacen perdidos
el reencuentro de un querer
tu amado, yo quiero ser
en tus labios recuerdos perdidos.

173- Se ha encendido la chispa
lo he visto en tus ojos
me ha picado como avispa
besarte en esos labios rojos.

174- Asomado por el volcán estaba
mirando el resplandor de las estrellas
diciéndole a cada una de ellas
lo mucho que te amaba.

175- Lo peor que se pierde es la vida,
mientras viva, busca del amor
no dejes perder la ocasión
deja que tus sentimientos sigan.

176- Sedúceme paso a paso
despacito y con locura
embriagarme con tus besos
y que en la cama allí, se encuentre la cura.

177- Hubo múltiples colores,
en la playa bajo la luna,
una noche fascinante,
miradas constantes,
fue una noche como ninguna.

178- Sin palabras y sin aliento,
una noche jugosa,
tu cuerpo con mi cuerpo,
que rico, como se goza.

179- Ideas brotan en mi mente,
fugas en un destino,
desierto que la a tino,
mi imagen está en tu mente.

180- En el día de ayer,
en el parque después de la escuela,
te bese por primera vez
hoy vuelve a suceder,
pero este beso,
hizo más ruido que una motora.

181- Alucinando estaba mi mente
mis ojos visiones tuvieron,
mis oídos escucharon el silencio
y mi boca hablo palabras mudas
y en mi mente estas viviendo.

182- Se formó el caos en mi corazón
al sentirte cerca de mi pecho
hubo tambores como de orquesta
amándote y en mi mano derecha
la acariciaba en mi lecho.

183- Mi cerebro se activó
mi corazón palpito más
fuego ardiente quedo
pero tú, querías más.

184- Bailo mi corazón a tu ritmo
se formó la rumba y la sazón
de tu cuerpo inspiración
eres la música de mi corazón.

185- Murmuro el viento en tu oído,
palabras mías para ti
susurro, te hablo y te dijo
que este poeta, era para ti.

186- Al tocar mi cuerpo
mi corazón tembló
que sensación tan fuerte,
ámame amada mía, que eso quiero yo.

187- Fue cautelosa, fue ágil,
fue seductora y amorosa,
cariñosa, caprichosa,
amante de mis placeres.

188- No le pedí permiso a tu corazón
tampoco se lo pedí a tu alma
tu me entregaste tu amor
ahora duermo en tu cama.

189- Tenia un espacio en tu vida
y con en el tiempo se apagó el sol
se fue la luna, se apartó las estrellas
y yo me quede sin tu amor.

190- Hubo una explosión en tus labios,
reacción en cadena en todo tu ser
tu cuerpo se movió como rumba
y plena, yo soy tu poeta y tu mi querer.

191- Fueron sueños inolvidables
sueños que para siempre duran,
sueños, maravillosos sueños
que en tu mente perduran.

192- Solitario ha quedado
rumbo al desespero
inclinándome al entierro
en un amor desesperado
un amor que pesa más quel hierro.

193- En tu corazón fui elegido
entre mucho yo fui tu destino
te llenare de mucho amor
yo soy más delicioso que el vino.

194- Nunca imagine tu abandono,
nunca imagine tu traición
volver quieres, no te perdono
te perdiste en lo falso de tu visión.

195- En mis sentimientos, tus recuerdos,
en mi mente, está tu amor;
lo mejor está en mi corazón,
fruto de un amor puro,
contigo estoy seguro, sin tristezas y sin dolor.

196- Te he preñado de mis amores,
en aquella noche de locuras
una noche de mucho calor
hasta la luna se quedó muda.

197- Te escribo con tinte de oro,
te envolví de diamantes
en tu amor formé corazón,
en tus manos te di mi vida
publicando en cada esquina

que solo tú eres mi amor.

198- No juego con tus sentimientos,
tampoco juego con la relación,
no quiero ser un extraño,
que no vea claro la visión.

199- Yo podre sanarte con mi querer,
puedo amarte, yo puedo,
de mi agua, darte de mi beber
yo seré tu amado
y tú eres la muchacha,
la que más quiero.

200- Hay versos que parecen besos,
poesía que son pasión,
poemas que son dulzura,
sonetos que son amor.

201- Besare tus labios secos
porque te los mojare con los míos,
te hare soñar bonito
y arroparte cuando tengas frio.

202- Pegarme con tus besos,
abrázame con tu amor
golpéame con tus caricias
y derriteme con tu calor.

203- Yo quiero ser chocolate
y también caramelo
para derretirme en tu boca
y también en tus dedos.

204- Yo te quito tu dolor
y te doy mis caricias
te daré mucho amor
y te besare con prisa.

205- Cerrare mis ojos
y soñare contigo
entre suspiros,
sé que quieres estar conmigo.

206- Te necesito hoy, no mañana
quiero besarte y abrazarte
yo quiero estar contigo hoy
quiero amarte y acariciarte.

207- Tu eres mi libro, yo soy tu lápiz,
te escribo mis letras en tu piel,
la escribiré con tinta,
tinta de mi querer.

208- No hay nada en mi corazón
nada hay en mi mente
desprecio la agitación
nada me cuesta perderte.

209- La naturaleza es hermosa,
el ambiente divino
los pájaros cantan
y otros toman vino.

210- Juntos en la playa
admirando la luna
como ella ninguna
y el amor allí estalla.

211- Bajando por el rio
allí me encontré con un pez
nadando a lo contrario
porque así es como es.

212- Desaté mis zapatos,
para andar más rápido,
porque estaban apretados
ahora ando más ligero,
y me he tropezado.

213- Abrazarte fuerte quiero,
darte besos y amor
quererte es lo primero
y llenarme de tu olor.

214- Nuestro amor magnífico
amor que perdura
batiendo sentimientos
pero contigo es una ricura.

215- Voy a dormir con tus besos
y respirar tu olor
te daré muchas caricias
y robare tu corazón.

216- Proyectando la luz en tus cabellos
el calor que está en ti,
en mi corazón te llevo
tu eres parte de mí.

217- En la mesa puse un tornillo
en el piso un panel,
en la cama mi amor divino
llenos de caricias y placer.

218- Estaba en el vientre
y allí quiso vivir,
lucho y lucho,
para poder sobrevivir.

219- Hubo un eco en mi alma,
un vacio en mi ser
ya estaba seca la palma
no te quise tener.

220- Si aceptaras mi cariño,
si aceptaras mi amor,
yo sería tu jardín
y tu serias mi flor.

221- Dulzura de tus labios, provoca mi boca,
olor de perfume, consume mi ser,
tu eres lo que me provocas
y me amas como debe ser.

222- En tu mundo yo estaré,
solo déjate querer,
"abre tu corazón"
y que yo sea tu ser.

223- Grande es tu belleza,
hermoso son tus ojos,
sensuales tus labios
y en mis brazos yo te cojo.

224- Le saco filo a los versos,
a la poesia le doy sazón
y entre besos y besos,
te entrego mi pasión.

225- Desperté con tu sonrisa,
me alegre con tus besos,
ahora vivo feliz,
teniendo tus deseos.

226- Tienes brillo en tus ojos
y una sonrisa espectacular
y esos labios rojos,
me hacen enamorar.

227- Soñé contigo anoche;
hoy solo yo deseo,
quererte más y más
y darte mi trofeo
y que te goces mucho más.

228- Yo te daré la mano
y nunca te soltare,
de mi alma te llenare
y en mi corazón te tendré.

229- En tus ojos hay ternura,
en tus labios veo pasión,
tu rostro una lindura,
pero más noble es tu corazón.

230- Te quiero dar besos
también ternura
abrazarte fuertemente
y darte mi calentura.

231- Que no se marchite la flor
que florezca la rosa,
que los rayos del sol
la llene de mucho amor
mi chica amorosa.

232- Verte, yo quiero verte,
déjame ser tu amor,
ese amor ferviente,
verte, yo quiero darte mi calor.

233- He tenido hambre
y quise comerte a besos
mejor te chupo la sangre
y luego me ocupo de eso.

234- Mi vida es tu vida,
tu amor en mi corazón,
tus labios en mis labios
y que crezca este amor.

235- Te regalare una mirada
y fabricaremos sueños
te regalare caricias y ternura
pero quiero ser tu dueño.

236- He tenido mil amores
y ninguno como el tuyo
amores de mil sabores
pero más rico es el tuyo.

237- En ella una nueva canción,
de su canto yo soy poeta,
de sus ojos brotaran letras,
fruto de mi inspiración, de mil sabores
que a tu alma penetran.

238- Solo una mirada quiero,
un beso y un abrazo,
sentirte cada día,
junto en mis regazos

239- Lloraras por mí,
lloraras por este amor,
sufrirás despacito
y sentirás mucho dolor.

240- Con tan solo con tu sonrisa,
y esos ojos tan bellos,
llenas cada día mi vida
y con el sonido de la brisa en tus labios,
donde me estaciono
esa es mi emisora favorita.

241- Se ahogan en tu boca
estos besos tuyos
en mi boca se enjuagan
y mis labios son los tuyos.

242- Hay soneto en tus labios
hay filosofía en tu ser,
hay poema en tu alma,
hay poesía que debo leer.

243- Me abruma tus besos,
me enloquece tu mirada
en el cielo azul mirabas
profundos deseos.

244- Quiero entrar en tu vida,
déjame devorarte
quiero ser el amor de tu vida
solo yo quiero amarte.

245- Dulce sonrisa hay en tus labios,
aun en la tristeza siempre te levantas,
con muchas ganas de vivir y seguir luchando,
siempre buscas como seguir adelante
y esfuérzate, porque Dios,
te seguirá ayudando.

246- En tus ojos hay brillo,
en tu risa, mucha alegría,
mi cariño por ti es mucho,
así siempre te lo decía.

247- Alegrías al pasar el tiempo,
también mucha agonía,
pero con Dios todo se puede
y nos ama cada día

248- Te di un beso anoche,
hoy, uno en la mejilla,
besando tus labios en la tarde,
me dijiste que me querías.

249- Tus letras mejor que el café
y del buen vino,
no es mejor que el sexo,
pero se disfruta divino.

250- Fuego hay en tus letras

que me atrapan y me abrazan,

tus letras son poderosas,

que me hechizan, que me atrapan.

La vida enseña muchas cosas,
y todo de ti aprender
o no hacer nada
y vaga tu mente en el vacío.

Todo tiene su tiempo, su lugar y su hora
el que tiene calma, no tiene prisa
y si te das mucha prisa,
puede ser que lo arruines todo.

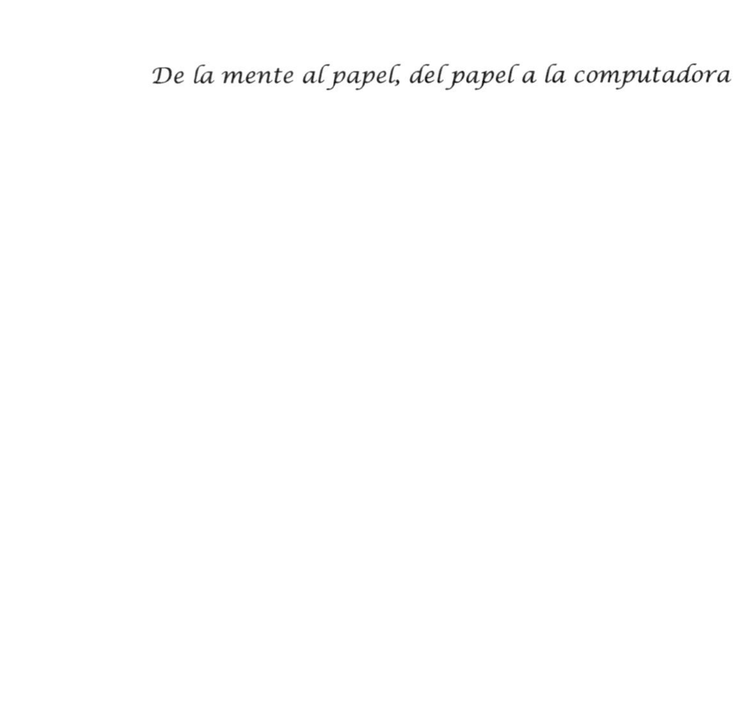

De la mente al papel, del papel a la computadora

elsuperescritor@gmail.com

elmagodelasletra1@gmail.com

8/18/2021

Director y autor gráfico y productor de esta obra:

Antonio Guerra Colón= Zicaika Sloeez Pabai

Tony Colón= Zejit Bou

De la mente al papel, del papel a la computadora

Tony Colón el mago de las letras

Printed by Books on Demand GmbH, Norderstedt / Germany